cocina práctica

familiar

TRIDENT
PRESS
INTERNATIONAL

créditos

Publicado por:
TRIDENT PRESS INTERNATIONAL
801 12th Avenue South, Suite 400
Naples, Fl 34102 USA
Copyright©Trident Press International 2003
Tel: + 1 239 649 7077
Fax: + 1 239 649 5832
Email: tridentpress@worldnet.att.net
Sitio web: www.trident-international.com

Cocina práctica, Familiar

Fotografías: Warren Webb, William Meppem, Andrew Elton,
Quentin Bacon, Gary Smith, Per Ericson, Paul Grater,
Ray Joice, John Stewart, Ashley Mackevicius,
Harm Mol, Yanto Noerianto, Andy Payne.
Producción fotográfica: Stephane Souvlis,
Janet Lodge, Di Kirby, Belinda Clayton,
Rosemary De Santis, Carolyn Fienberg,
Jacqui Hing, Christine Sheppard, Wendy Berecry,
Michelle Gorry, Donna Hay.
Desarrollo de recetas: Ellen Argyriou, Sheryle Eastwood,
Kim Freeman, Lucy Kelly, Donna Hay, Anneka Mitchell,
Penelope Peel, Jody Vassallo, Belinda Warn, Loukie Werle.

EDICIÓN EN ESPAÑOL
Producción general: Isabel Toyos
Traducción: Aurora Giribaldi
Adaptación de diseño: Mikonos, Comunicación Gráfica
Corrección y estilo: Aurora Giribaldi y Marisa Corgatelli

Incluye índice
ISBN 1582794871
EAN 9781582794877
UPC 6 15269 94871 2

Edición impresa en 2003

Impreso en Colombia

ntenido

introducción

Cocina casera *rápida y fácil*

No son pocos los que sienten nostalgia por la cocina casera sencilla y genuina: sopas sustanciosas, pastas humeantes y los viejos favoritos familiares que satisfacen el cuerpo y el alma, complementados por buenas dosis de vegetales frescos y el infaltable broche dulce del postre.

Este libro incluye todas las buenas recetas de antaño y, como en esta época la tarea de cocinar suele estar a cargo de distintos miembros de la familia y el tiempo se ha convertido en un producto más preciado que las especias exóticas, también ofrece un sinfín de ideas para bocadillos al instante, ensaladas simples y nutritivas a la vez, opciones de pastas y pizzas que se pueden hacer en casa en menos tiempo del que se tarda en pedirlas por teléfono. Aunque la tendencia a consumir menos carne y más frutas y verduras de estación se afianza día a día, no siempre es fácil convencer a la familia para que coma vegetales de buena gana. El primer paso para resolver este problema es inspirarse en los capítulos de ensaladas y guarniciones, donde los productos industriales se combinan con los que brinda la naturaleza para crear una variedad de acompañamientos que hacen agua la boca.

Macarrones con atún y aceitunas. Foto en página 5, receta en página 24.

bisque de langostinos

sopas &
bocadillos

Se oye un portazo, bultos que se

*arrojan en el vestíbulo y el consabido grito: "¿Qué hay
de comer? ¡Estamos hambrientos!". Cuando sus hijos
vuelvan de la escuela, sálvelos de la inanición con esta
selección de sopas y bocadillos.*

sopa
de puerro y hongos

Preparación

1 *Derretir la mantequilla en una cacerola grande sobre fuego medio. Añadir los puerros y la mostaza y revolver 5 minutos o hasta que los puerros estén tiernos y dorados.*

2 *Incorporar los champiñones y el tomillo y cocinar 5 minutos más. Agregar el caldo y los risoni y llevar a hervor. Bajar la llama y cocinar a fuego lento 15 minutos o hasta que los risoni estén cocidos. Integrar la crema y cocinar despacio 5 minutos más.*

4 porciones

45 g/1 ¹/₂ oz de mantequilla
2 puerros, finamente rebanados
1 cucharada de semillas de mostaza amarilla
250 g/8 oz de champiñones, rebanados
2 cucharadas de tomillo fresco picado, o 2 cucharaditas de tomillo seco
4 tazas/1 litro/1 ³/₄ pt de caldo de verduras
125 g/4 oz de risoni
¹/₂ taza/125 ml/4 fl oz de crema espesa

bisque
de langostinos

Foto en página 7

Preparación

1 *Colocar en el procesador o en la licuadora los langostinos, la cebolla y el puré de tomate; procesar o licuar hasta obtener una pasta. Sin detener la máquina, verter despacio el caldo y procesar para combinar.*

2 *Pasar la preparación a una cacerola y cocinar sobre fuego suave, revolviendo con frecuencia, 10 minutos o hasta que hierva.*

3 *Incorporar la crema, la páprika y pimienta a gusto y cocinar 2 minutos o hasta calentar. Verter el jerez, mezclar y servir.*

6 porciones

315 g/10 oz de langostinos cocidos, pelados y desvenados
¹/₂ cebolla, en dados
¹/₂ taza/125 ml/4 fl oz de puré de tomate
2 ¹/₂ tazas/600 ml/1 pt de caldo de pollo
¹/₃ taza/90 ml/3 fl oz de crema espesa
¹/₄ cucharadita de páprika
pimienta negra recién molida
1-2 cucharadas de jerez seco

burgers
de pollo

Preparación

1 *En un bol unir el pollo con las cebollas de rabo, el huevo, el perejil, sal y pimienta. Formar 4 burgers gruesos.*

2 *Calentar una plancha untada con aceite y cocinar los burgers a fuego medio 10 minutos de cada lado.*

3 *Combinar los tomates y la cebolla; mezclar con el aceite.*

4 *Acomodar sobre la base de cada bollo algunas hojas de lechuga y un burger. Completar con 1 cucharada de la mezcla de tomates, cubrir con las tapas de los bollos y servir.*

4 porciones

ingredientes

**800 g/22 oz de carne de pollo molida
2 cebollas de rabo, picadas
1 huevo
1 cucharada perejil fresco picado
sal y pimienta recién molida
125g/4 oz de tomates cherry,
en cuartos
1 cebolla colorada, en tiras muy finas
1 cucharada de aceite
4 bollos, abiertos
1 planta pequeña de lechuga**

sándwiches
calientes de jamón

Foto en página 11

Preparación

I Abrir los panes y untar cada mitad con el requesón. Disponer encima el jamón, los tomates, la albahaca y el parmesano. Llevar al grill precalentado 3-4 minutos o hasta que el queso se funda y se dore.

Sugerencia: *Servir con ensalada de hongos frescos. Para hacerla, combinar champiñones rebanados con pimiento rojo picado; aliñar con jugo de limón, aceite de oliva, perejil o cebollín picados, ajo machacado y una pizca de chile en polvo. Dejar reposar mientras se preparan los sándwiches.*

4 porciones

ingredientes

2 cuadrados de focaccia de 10 cm/4 in, o 2 minibaguettes
185 g/6 oz de requesón, escurrido
250 g/8 oz de jamón ahumado, en tajadas
60 g/2 oz de tomates secos, rebanados
3 cucharadas de albahaca fresca picada
30 g/1 oz de queso parmesano fresco, en láminas

sándwiches
grillados de plátano

Foto en página 11

Preparación

I Tostar el pan en el grill, de un solo lado. Sobre la cara sin tostar distribuir los plátanos, el aguacate y el queso. Volver al grill 3-4 minutos, hasta que el queso se derrita y se dore.

Sugerencia: *Servir con ensalada de lechuga orejona y tocino. Para hacerla, tostar en el grill 1-2 lonjas de tocino y quebrarlas en pedacitos. Rasgar en trozos grandes las hojas de 1 lechuga orejona y ponerlas en una ensaladera. Esparcir el tocino, 2-3 cucharadas de croûtons y 2-3 cucharadas de queso parmesano rallado. Rociar con cualquier aderezo cremoso.*

4 porciones

ingredientes

8 rebanadas de pan de centeno o multicereal
2 plátanos, rebanados
1 aguacate, rebanado
8 tajadas de queso gruyère

sándwiches
calientes de pollo

Foto abajo

Preparación

1 Untar las tostadas con la mayonesa y repartir sobre ellas el pollo, los espárragos, algo de pimienta y el queso. Llevar al grill precalentado 3-4 minutos o hasta que el queso se derrita y se dore.

Sugerencia: *Acompañar con sopa enlatada y ensalada de lechugas surtidas, hierbas frescas y aliño francés. Haga más tentadora la sopa con un copo de crema o con croûtons prelistos, que se compran en supermercados; resulta práctico tener siempre un paquete en la despensa.*

4 porciones

ingredientes

8 rebanadas de pan integral o lácteo, tostadas
4 cucharadas de mayonesa
500 g/1 lb de pollo cocido, sin piel y separado en hebras
440 g/14 oz de puntas de espárragos en lata, escurridas
pimienta negra recién molida
8 tajadas de queso emmental o gruyère

bollos
con pollo

Foto en página 13

Preparación

1 *Para hacer la ensalada, combinar en un bol la mayonesa, la vinagreta y la mostaza. Añadir el pollo, las manzanas, los huevos, el apio, las cebollas de rabo y el perejil. Sazonar a gusto con pimienta y mezclar.*

2 *Abrir los panes, untarlos con la mayonesa y rellenarlos con la ensalada.*

Nota: *Para obtener una ensalada de pollo tropical, incorporar 125 g/4 oz de cubos de mango o duraznos en lata, o frescos si es temporada.*

4 porciones

ingredientes

**4 bollos grandes de pan francés
4 cucharadas de mayonesa**

Ensalada de pollo
**¹/₂ taza/125 ml/4 fl oz de mayonesa
2 cucharadas de vinagreta
1 cucharadita de mostaza francesa
¹/₂ pollo cocido, sin piel ni huesos,
en trozos chicos
2 manzanas, peladas y sin semillas,
en dados
2 huevos duros, en dados
2 tallos de apio, finamente rebanados
2 cebollas de rabo, en juliana
1 cucharada de perejil fresco picado
pimienta negra recién molida**

croissants
con salmón

Foto en página 13

Preparación

1 *Para hacer el relleno, colocar en un bol el queso y la crema y batir hasta integrar. Mezclar con el salmón, la cebolla de rabo, el eneldo, las alcaparras y el jugo de lima o limón.*

2 *Rellenar las croissants con la preparación de salmón.*

4 porciones

ingredientes

4 croissants, abiertas

Relleno de salmón ahumado
**155 g/5 oz de queso crema, ablandado
¹/₄ taza/60 g/2 oz de crema agria
155 g/5 oz de salmón ahumado, picado
1 cebolla de rabo, finamente rebanada
3 cucharadas de eneldo fresco picado
2 cucharadas de alcaparras, escurridas
y picadas
2 cucharadas de jugo de lima o limón**

fideos queseros

pasta rápida

De preparación simple y rápida, económica,

rendidora y sumamente versátil, la pasta tiene pocos competidores para el premio al ingrediente ventajoso. Como lo demuestran las recetas de este capítulo, la pasta siempre es un manjar, ya sea realzada por una salsa simple o como base de suculentos gratinados.

espaguetis
con pesto

Preparación

1 Colocar en el procesador o la licuadora las hojas de albahaca, los piñones, el ajo, el azúcar y la sal; procesar brevemente. Sin detener la máquina, verter el aceite en forma de hilo por la abertura de la tapa hasta lograr una salsa lisa y densa. Pasar a un cuenco, tapar y reservar.

2 En una cacerola con agua hirviente salada cocinar los espaguetis hasta que estén al dente.

3 Escurrirlos y colocarlos en una fuente honda precalentada. Añadir el pesto, remover y servir enseguida, con ramitas de albahaca.

3-4 porciones

ingredientes

**60 g/2 oz de hojas de albahaca fresca,
más ramitas para decorar
3 cucharadas de piñones
4 dientes de ajo, machacados
$1/4$ cucharadita de azúcar
$1/2$ cucharadita de sal
5 cucharadas de aceite de oliva
375 g/12 oz de espaguetis**

fideos
queseros

Foto en página 15

ingredientes

**180 g/6 oz de fideos frescos
4 cucharadas de crema agria
pimienta negra recién molida
60 g/2 oz de queso sabroso
(cheddar maduro), rallado**

Preparación

1 Cocinar los fideos de acuerdo con las instrucciones del envase. Escurrir, agregar la crema y pimienta negra a gusto y remover.

2 Repartir la preparación en dos cuencos refractarios y esparcir arriba el queso. Gratinar en el grill precalentado 3-4 minutos o hasta que el queso se funda y se dore.

Sugerencia: Acompañar con ensalada de lechuga, tomates cherry, pimientos rojos o verdes y pepino, con aliño francés. Como alternativa, usar un surtido de hojas verdes de los que se venden en la verdulería o el supermercado; resultan más económicos que comprar una planta de cada clase.

2 porciones

ensalada
con pasta al curry

Preparación

1 Cocinar la pasta en abundante agua hirviendo, según las indicaciones del envase. Escurrir, enjuagar bajo agua corriente fría y dejar enfriar por completo.

2 Cocinar por hervido, al vapor o en microondas el brócoli y la zanahoria, en recipientes separados, hasta que estén apenas tiernos. Escurrir, refrescar con agua fría y escurrir de nuevo.

3 En una ensaladera combinar el brócoli, la zanahoria, las calabacitas, el pimiento, las cebollas de rabo y los macarrones.

4 Para hacer el aliño, unir en un tazón la mayonesa, la mostaza, el jugo de limón, el curry y pimienta a gusto. Volcar sobre la ensalada y remover. Servir a temperatura ambiente.

Nota: Este platillo es una buena guarnición para pollo o res asados. Si se sirve con hojas verdes y pan francés se convierte en una opción completa para una comida vegetariana.

3-4 porciones

ingredientes

250 g/8 oz de macarrones
250 g/8 oz de brócoli, en ramilletes pequeños
2 zanahorias, cortadas como fósforos
2 calabacitas, cortadas como fósforos
1 pimiento rojo, en tiras finas
2 cebollas de rabo, finamente rebanadas

Aliño de curry
4 cucharadas de mayonesa
1 cucharada de mostaza francesa
1 cucharada de jugo de limón
$1/2$ cucharadita de curry en polvo
pimienta negra recién molida

pasta a la crema
con guisantes y jamón

Foto en página 19

Preparación

1 *Cocinar la pasta en agua hirviente de acuerdo con las indicaciones del paquete; escurrir y mantener al calor. Cocinar los guisantes por hervido, al vapor o en microondas hasta que estén apenas tiernos.*

2 *Colocar en una sartén la pasta, los guisantes, el jamón y la crema; llevar al fuego y remover hasta que todo esté bien caliente. Sazonar con pimienta, espolvorear con el parmesano y servir de inmediato.*

Nota: *Si no consigue parmesano fresco en el supermercado, búsquelo en tiendas de comestibles italianos y cómprelo en un trozo, para rallarlo a medida que lo necesite; sabe mejor que el que se envasa ya rallado.*

4 porciones

ingredientes

**500 g/1 lb de linguine, espaguetis
u otra pasta fina a elección
155 g/5 oz de guisantes frescos
o congelados
250 g/8 oz de jamón, en dados
1 taza/250 ml/8 fl oz de crema espesa
pimienta negra recién molida
queso parmesano fresco rallado**

lasaña
veloz

Foto en página 19

Preparación

1 *Calentar el aceite en una sartén sobre fuego medio y cocinar la carne, removiendo, 5 minutos o hasta dorar. Escurrir el exceso de grasa y añadir la salsa de tomate. Llevar a hervor suave y cocinar despacio 10 minutos, revolviendo cada tanto.*

2 *En un bol combinar el requesón con el perejil, el huevo y pimienta a gusto.*

3 *En una fuente refractaria levemente engrasada colocar parte de la carne, masa para lasaña, mezcla de requesón, mozzarella y parmesano. Repetir las capas hasta usar todos los ingredientes. Hornear 25 minutos o hasta que la lasaña esté caliente en el centro y dorada en la superficie.*

Nota: *A falta de lasaña fresca, compre la instantánea y sumérjala en agua caliente antes de usarla. Para completar la comida, ofrezca pan con ajo y ensalada verde.*

6 porciones

ingredientes

**2 cucharadas de aceite de oliva
250 g/8 oz de carne de res magra,
molida
3 tazas/750 ml/1 1/4 pt de salsa
de tomate para pastas, envasada
500 g/1 lb de requesón, escurrido
2 cucharadas de perejil fresco picado
1 huevo, apenas batido
pimienta negra recién molida
500 g/1 lb de masa fresca para lasaña
500 g/1 lb de mozzarella, rallada
125 g/4 oz de queso parmesano rallado**

Temperatura del horno 180°C/350°F/Gas 4

pasta
gratinada

Preparación

1 *En una fuente refractaria ligeramente engrasada combinar la pasta caliente con 125 g/4 oz de queso. Reservar.*

2 *Cocinar el jamón 2-3 minutos en una sartén antiadherente. Añadir los champiñones y cocinar 3 minutos más. Distribuir sobre la pasta, bañar con la salsa de tomate y esparcir la albahaca. Terminar con el pan molido mezclado con el queso restante. Hornear 20 minutos.*

Sugerencia: *Acompañar con ensalada de brócoli y coliflor cocidos, aliñada con 2 cucharadas de jugo de limón, 2 cucharaditas de mostaza de Dijon, 3 cucharadas de aceite de oliva, 1 cucharada de perejil fresco finamente picado y pimienta negra a gusto.*

Nota: *Para ganar tiempo en la cocina, compre productos parcialmente preparados, como carne en cubos, queso rallado, lasaña instantánea o pollo deshuesado. Muchos supermercados y verdulerías venden también mezclas de vegetales cortados, para ensaladas, sopas o cazuelas.*

4 porciones

ingredientes

**500 g/1 lb de pasta a elección, cocida
220 g/7 oz de queso sabroso
(cheddar maduro), rallado
8 tajadas de jamón, en juliana
250 g/8 oz de champiñones, rebanados
750 g/1 ¹/₂ lb de salsa de tomate para
pastas, envasada
2 cucharadas de albahaca fresca picada
30 g/1 oz de pan seco molido**

Temperatura del horno 200°C/400°F/Gas 6

pasta
a la putanesca

Preparación

1 Cocinar la pasta en agua hirviente dentro de una cacerola grande, según las indicaciones del paquete. Escurrir y mantener al calor.

2 Para hacer la salsa, calentar el aceite en una cacerola sobre fuego suave, añadir el ajo y revolver 2 minutos. Incorporar los tomates y llevar a hervor. Agregar las anchoas, las aceitunas, las alcaparras, el orégano y el chile; cocinar a fuego lento 3 minutos.

3 Salsear la pasta, esparcir el perejil y el parmesano y servir.

Nota: El jugo de los tomates se puede congelar para usarlo en cazuelas o sopas.

6 porciones

ingredientes

**500 g/1 lb de linguine
o espaguetis finos**

Salsa putanesca
2 cucharadas de aceite de oliva
5 dientes de ajo, machacados
4 latas de 440 g/40 oz de tomates italianos pelados, escurridos y picados
6 filetes de anchoas, picados gruesos
60 g/2 oz de aceitunas negras deshuesadas
2 cucharadas de alcaparras, escurridas y picadas
1 cucharadita de orégano seco
$^1/_4$ cucharadita de chile en polvo
$^1/_2$ manojo de perejil fresco, picado grueso
30 g/1 oz de queso parmesano, rallado

fettuccine
con hongos

Preparación

1 En una olla grande con agua hirviente cocinar la pasta de acuerdo con las instrucciones del envase. Escurrir, añadir la mitad de la mantequilla, remover y mantener al calor.

2 Calentar el aceite y la mantequilla restante en una sartén sobre fuego medio. Cocinar los hongos, revolviendo, 5 minutos o hasta que empiecen a soltar jugo. Sazonar a gusto con pimienta negra, agregar el perejil y cocinar 1 minuto más.

3 Volcar los hongos y el jugo de la sartén sobre la pasta, mezclar y esparcir arriba el parmesano.

4 porciones

ingredientes

500 g/1 lb de fettuccine
30 g/1 oz de mantequilla
2 cucharadas de aceite de oliva
315 g/10 oz de hongos, finamente rebanados
pimienta negra recién molida
3 cucharadas de perejil fresco picado
4 cucharadas de queso parmesano rallado

ñoquis
cremosos con hongos

Preparación

1 En un bol hacer un puré con las papas. Añadir la harina, la mantequilla, la mitad del parmesano y pimienta negra a gusto. Unir para obtener una masa blanda. Amasarla sobre una superficie apenas enharinada hasta que resulte suave. Formar esferitas de 2 $^1/_2$ cm/1 in y hacerlas rodar, presionando con el pulgar, por el dorso de un tenedor.

2 Cocinar los ñoquis, por tandas, en una olla grande con agua hirviente, 3 minutos o hasta que suban a la superficie. Retirar con espumadera y pasar a una fuente refractaria poco profunda, engrasada.

3 Para la salsa, derretir la mantequilla en una sartén sobre fuego medio y cocinar los champiñones, revolviendo, 5 minutos. Agregar la mostaza y la crema y llevar a hervor. Bajar la llama y cocinar a fuego lento 10 minutos o hasta que se reduzca y espese.

4 Salsear los ñoquis. Espolvorear con los quesos y hornear 10-15 minutos o hasta que se fundan.
Nota: Para variar, hacer ñoquis verdes incorporando a la mezcla de papas 250 g/ 8 oz de espinaca blanqueada, exprimida y finamente picada. Servir con pan francés y ensalada de vegetales crujientes y lechugas surtidas.

4 porciones

ingredientes

500 g/1 lb de papas, cocidas
2 tazas/250 g/8 oz de harina, tamizada
30 g/1 oz de mantequilla, derretida
30 g/1 oz de queso parmesano, rallado
pimienta negra recién molida

Salsa de hongos
30 g/1 oz de mantequilla
125 g/4 oz de champiñones, rebanados
2 cucharadas de mostaza en grano
1 taza/250 ml/8 fl oz de crema espesa
60 g/2 oz de queso sabroso
(cheddar maduro), rallado
30 g/1 oz de queso parmesano, rallado

Temperatura del horno 180°C/350°F/Gas 4

macarrones
con atún y aceitunas

ingredientes

Preparación

1 *Cocinar los macarrones en una cacerola grande con agua hirviente, de acuerdo con las indicaciones del paquete. Escurrir y mantener al calor.*

2 *Para hacer la salsa, calentar en una sartén el aceite reservado del atún y cocinar la cebolla, el pimiento y el ajo 4-5 minutos o hasta que se ablanden. Incorporar el puré y el extracto de tomate, verter el vino y cocinar 3-4 minutos.*

3 *Añadir el atún desmenuzado y cocinar 4-5 minutos más. Verter sobre los macarrones y revolver. Esparcir la pimienta, el perejil y las aceitunas.*

4 porciones

500 g/1 lb de macarrones

<u>Salsa de atún</u>
440 g/14 oz de atún en aceite, escurrido, y el aceite reservado
1 cebolla grande, picada
1 pimiento verde, rebanado
1 cucharadita de ajo machacado
1 ¹/₂ taza/375 g/12 oz de puré de tomate
1 cucharada de extracto de tomate
¹/₂ taza/125 ml/4 fl oz de vino blanco
1 cucharada de gramos de pimienta negra partidos
2 cucharadas de perejil fresco finamente picado
8 aceitunas negras, deshuesadas y en mitades

fettuccine
con tocino y crema

Preparación

1 Cocinar los fettuccine en agua hirviente dentro de una olla grande, según las indicaciones del paquete. Escurrir y mantener al calor.

2 Para hacer la salsa, dorar el tocino en una sartén grande 4-5 minutos o hasta que esté crujiente. Agregar los chalotes y cocinar 1 minuto más. Añadir la crema y el caldo, revolver y llevar a hervor. Bajar la llama y cocinar a fuego lento hasta que se reduzca y espese. Incorporar los tomates secos, si se usan. Echar los fettuccine en la sartén y remover. Espolvorear con el parmesano y servir.

4 porciones

ingredientes

500 g/1 lb de fettuccine secos
4 cucharadas de queso parmesano rallado

Salsa de tocino y crema
2 lonjas de tocino, sin el cuero, picadas
4 chalotes, picados
$1/2$ taza/125 ml/4 fl oz de crema
$1/2$ taza/125 ml/4 fl oz de caldo de pollo
3 cucharadas de tomates secos picados (opcional)

cazuela de pescado y papas

sencillez marina

El pescado es uno de los alimentos más

sanos, y un ingrediente muy práctico por la rapidez con que se cocina. Las recetas de esta sección van desde unas livianas croquetas de salmón hasta un contundente gratinado de pasta con atún.

bouillabaisse
simplificada

Preparación

1 Calentar el aceite en una sartén grande sobre fuego medio. Sofreír las cebollas, el ajo y el chile 4 minutos o hasta que se ablanden.

2 Incorporar los langostinos y cocinar 1 minuto. Añadir los mejillones, los ostiones, la sopa y el caldo y llevar a hervor suave.

3 Agregar los calamares y las hierbas y cocinar 1 minuto más, o hasta que todos los mariscos estén a punto.

Sugerencia: Acompañar con arroz integral de cocción rápida o con pasta.

4 porciones

ingredientes

**2 cucharaditas de aceite de oliva
2 cebollas, picadas
2 dientes de ajo, machacados
1 chile rojo fresco, picado
250 g/8 oz de langostinos medianos, pelados y desvenados
16 mejillones, sin las barbas y cepillados
16 ostiones, limpios
440 g/14 oz de sopa de tomate picante en lata
2 tazas/500 ml/16 fl oz de caldo de pescado o de pollo
125 g/4 oz de anillos de calamar
2 cucharadas de hierbas frescas picadas**

cazuela
de pescado y papas

Foto en página 27

Preparación

1 Precalentar el horno. Hacer un puré con las papas, la mantequilla y la leche. Extenderlo en el fondo de una cazuela refractaria poco profunda, engrasada.

2 Verter $1/3$ de la crema sobre el puré de papas y esparcir encima la cebolla. Acomodar los filetes. Cubrir con el pan mezclado con el queso, verter la crema restante y espolvorear con páprika. Hornear 30 minutos.

6 porciones

ingredientes

**6 papas, hervidas
30 g/1 oz de mantequilla
85 ml/2 $1/2$ fl oz de leche, caliente
300 ml/10 fl oz de crema agria
1 cebolla pequeña, finamente picada
6 filetes de pescado blanco firme
65 g/2 oz de pan seco molido
2 cucharadas de queso rallado
páprika**

Temperatura del horno 200°C/400°F/Gas 6

croquetas
de salmón

Preparación

1 Combinar el puré de papas con la cebolla, el salmón, la mostaza, la mayonesa y el huevo; sazonar a gusto. Formar croquetas y hacerlas rodar por las galletas.

2 Calentar aceite en una sartén. Freír las croquetas sobre fuego medio hasta que se doren. Escurrir sobre papel absorbente.

4 porciones

ingredientes

3 papas grandes, hervidas y hechas puré
1 cebolla, rallada
440 g/14 oz de salmón rosado en lata, escurrido y desmenuzado
1 cucharadita de mostaza de Dijon
2 cucharadas de mayonesa
1 huevo, batido
220 g/7 oz de galletas de queso, trituradas
aceite para freír

pescado asado
con vegetales a la naranja

Foto en página 31

Preparación

1 *Calentar la barbacoa a temperatura media. Asar los pimientos 12 minutos, o hasta que la piel se chamusque y se ampolle. Colocarlos dentro de una bolsa de plástico, cerrar y dejar enfriar lo suficiente para poder manipularlos; quitar la piel.*

2 *Ensartar los papines en pinchos de metal y asar 25-30 minutos, dando vuelta cada tanto y pincelando con la vinagreta.*

3 *Asar las calabacitas 8-10 minutos, hasta que resulten tiernas y levemente tostadas, rociando a menudo con la vinagreta. Asar el pescado 6 minutos de cada lado, también rociando con la vinagreta.*

4 *Cortar el radicchio por el medio a lo largo y asarlo del mismo modo 4-5 minutos, hasta que se chamusque apenas. Mantener todo al calor.*

5 *Calentar la vinagreta restante en el microondas, en Máximo (100%) 2 minutos o hasta que hierva, revolviendo con frecuencia. Verter sobre los vegetales y el pescado y servir.*

6 porciones

ingredientes

1 kg/2 lb de filetes de tiburón u otro pescado muy firme, en 6 trozos parejos
2 pimientos rojos o amarillos, perforados con un cuchillo de punta
12 papines rojos
vinagreta de naranja (abajo)
3 calabacitas, despuntadas
1 radicchio

vinagreta
de naranja

Preparación

1 *Combinar todos los ingredientes en un frasco con tapa a rosca. Agitar vigorosamente antes de usar.*
   Nota: *Se puede tener lista hasta con 1 semana de anticipación.*

ingredientes

2 cucharadas de aceite de oliva
1 cucharada de jengibre fresco picado
1 cucharada de salsa de soja
1 cucharadita de cáscara de naranja rallada
250 ml/8 fl oz de jugo de naranja
2 cucharadas de vinagre balsámico
1 pizca de pimienta de Cayena
1 cucharadita de mostaza en polvo

trucha
con tomate y albahaca

Preparación

I Calentar el aceite en una sartén grande, añadir las cebollas de rabo y el ajo y cocinar 1 minuto. Incorporar las truchas, verter el vino y cubrir con los tomates, la albahaca y pimienta a gusto. Tapar y cocinar a fuego lento o hasta que la carne del pescado se separe al probar con un tenedor.

Sugerencia: Verduras y cascos crocantes de papas son la mejor guarnición para este platillo. Cortar papas pequeñas en cascos y cocinar por hervido o en microondas hasta que estén tiernas. Escurrir, secar con papel absorbente y empolvar con una mezcla de $^1/_4$ de cucharadita de chile, 1 cucharadita de cúrcuma, $^1/_2$ cucharadita de garam masala, 1 cucharadita de coriandro y $^1/_2$ cucharadita de jengibre, todo molido. Freír en poco aceite 5-10 minutos o hasta que resulten crujientes.

Nota: Las truchas se congelan bien; siempre conviene tener algunas de reserva en el frigorífico para usarlas como base de una comida apetitosa. Recuerde que los pescados y crustáceos, por su elevada proporción de grasas poliinsaturadas, tienen una duración menor que la carne o el pollo; se aconseja consumirlos dentro de los 3 meses y cocinarlos sin descongelar, para que mantengan su forma, sabor y textura.

4 porciones

ingredientes

2 cucharadas de aceite
4 cebollas de rabo, picadas
1 diente de ajo, machacado
4 truchas pequeñas, limpias
$^3/_4$ taza/185 ml/6 fl oz de vino tinto
4 tomates, picados
4 cucharadas de albahaca fresca picada
pimienta negra recién molida

pescado
al parmesano

Preparación

1 Combinar en un plato la harina, la páprika y pimienta a gusto, y en otro el pan y el queso. Secar el pescado con papel absorbente. Pasarlo por la harina, luego por el huevo y después por la mezcla de pan y queso.

2 Calentar el aceite en una sartén sobre fuego mediano y cocinar los filetes 2-3 minutos de cada lado o hasta que estén a punto.

3 Para preparar la mantequilla, colocarla en una cacerolita junto con la cáscara y el jugo de limón y el tomillo. Calentar sobre fuego medio 1 minuto o hasta que se derrita. Servir con el pescado.

Sugerencia: Acompañar con vegetales y chips de papa. Obtener láminas de papa con un pelador de verduras. Secarlas con papel absorbente y freírlas en abundante aceite 7-10 minutos o hasta que estén cocidas. Escurrir y salar.

4 porciones

ingredientes

¹/₂ taza/60 g/2 oz de harina
1 cucharadita de páprika
pimienta negra recién molida
1 taza/125 g/4 oz de pan seco molido
90 g/3 oz de queso parmesano, rallado
4 filetes de pescado blanco firme
1 huevo, ligeramente batido
2 cucharadas de aceite de oliva

Mantequilla de tomillo y limón
60 g/2 oz de mantequilla
1 cucharada de cáscara de limón rallada
1 cucharada de jugo de limón
1 cucharada de tomillo fresco común o alimonado, picado

quiche
de salmón increíble

Foto en página 35

Preparación

1 *Colocar en el procesador la harina, los huevos y la mantequilla; procesar hasta unir.*

2 *Verter la mezcla en una tartera. Cubrir con el salmón, la cebolla, pimienta a gusto y el queso. Hornear 35-40 minutos o hasta que la base esté firme y la cubierta, dorada.*

Nota: *Durante la cocción se forma una corteza en la base de esta original quiche sin masa. Para variar esta receta mágica, usar atún, tocino, jamón, pollo o pavo en lugar de salmón.*

4 porciones

ingredientes

**¹/₂ taza/60 g/2 oz de harina
3 huevos
60 g/2 oz de mantequilla, ablandada
220 g/7 oz de salmón rosado en lata,
escurrido y desmenuzado
1 cebolla, rebanada
pimienta negra recién molida
60 g/2 oz de queso sabroso
(cheddar maduro), rallado**

Temperatura del horno 180°C/350°F/Gas 4

gratinado
de pasta y atún

Foto en página 35

Preparación

1 *Derretir la mantequilla en una cacerola sobre fuego medio, espolvorear con la harina y revolver 1 minuto. Retirar del calor, añadir la mostaza y verter despacio la leche y el jugo de limón, mientras se revuelve. Llevar sobre la llama otra vez y revolver sin cesar 5 minutos o hasta que hierva y espese.*

2 *Incorporar el atún, la pasta, la mitad del queso y pimienta a gusto. Colocar en una fuente refractaria poco profunda, engrasada. Esparcir el queso restante y hornear 20 minutos o hasta que se dore la superficie.*

Nota: *Una estupenda manera de aprovechar sobrantes de pasta. El atún se puede reemplazar por salmón en lata, jamón, pollo o pavo.*

4 porciones

ingredientes

**60 g/2 oz de mantequilla
2 cucharadas de harina
1 cucharadita de mostaza en polvo
1 ¹/₂ taza/375 ml/12 fl oz de leche
2 cucharadas de jugo de limón
220 g/7 oz de atún en lata, escurrido
y desmenuzado
90 g/3 oz de fideos codito u otros
a elección, cocidos
125 g/4 oz de queso sabroso
(cheddar maduro), rallado
pimienta negra recién molida**

Temperatura del horno 180°C/350°F/Gas 4

tacos de pollo

favoritos
familiares

Es maravilloso llegar a casa y sentir

---

el aroma de la comida que hace agua la boca. Este capítulo incluye platillos vegetarianos y otras propuestas que sin duda enriquecerán su colección de recetas favoritas.

carne
con jengibre y castañas

Preparación

1 *Con un cuchillo muy filoso rebanar finamente la carne en sentido opuesto a la fibra.*
2 *En un wok o sartén sobre fuego medio calentar el aceite y saltear el ajo y el jengibre 1 minuto. Subir el fuego, agregar la carne y saltear 2-3 minutos o hasta dorar.*
3 *Añadir la col, el pimiento, los brotes y la salsa de soja; saltear 2 minutos o hasta que la col empiece a perder rigidez.*
4 *Repartir los fideos en los platos, cubrir con la preparación de carne y esparcir las castañas de Cajú.*

4 porciones

ingredientes

500 g/1 lb de carne de res tierna
y magra
1 cucharada de aceite
2 dientes de ajo, machacados
1 cucharadita de jengibre fresco
rallado
$^1/_2$ col china (pak choi), en juliana
$^1/_2$ pimiento rojo, finamente rebanado
30 g/1 oz de brotes de soja
1 $^1/_2$ cucharada de salsa de soja
225 g/7 $^1/_2$ oz de fideos
frescos, cocidos y calientes
60 g/2 oz de castañas de Cajú tostadas

tacos
de pollo

Foto en página 37

Preparación

1 *Para hacer el relleno, calentar el aceite en una sartén y cocinar la cebolla común, las de rabo y el tomate, revolviendo, 4 minutos. Incorporar el pollo, el condimento y la salsa y revolver 2 minutos más o hasta calentar.*
2 *Distribuir el relleno en los tacos. Coronar con la lechuga, el pimiento, el queso, el aguacate y la crema agria.*
Sugerencia: *Acompañar con una ensalada de apio aliñada con 2 cucharadas de aceite de oliva, 2 cucharadas de vinagre de vino blanco, 1 cucharadita de mostaza de Dijon y pimienta negra recién molida, a gusto.*

4 porciones

ingredientes

12 tacos, calientes
8 hojas de lechuga, en juliana
1 pimiento rojo, finamente rebanado
125 g/4 oz de queso sabroso
(cheddar maduro), rallado
1 aguacate, sin hueso, pelado y rebanado
$^1/_2$ taza/125 g/4 oz de crema agria

Relleno de pollo
2 cucharadas de aceite
1 cebolla, picada
2 cebollas de rabo, picadas
3 tomates, picados
1 kg/2 lb de pollo cocido, sin piel
y separado en hebras
2 cucharadas de condimento para tacos
4 cucharadas de salsa de tomate
envasada

burgers
con todo

Preparación

1 En un bol unir la carne y el pan molidos con el huevo y el perejil. Formar 6 burgers.

2 Calentar el aceite en una sartén sobre fuego medio. Cocinar los burgers 3 minutos de cada lado o hasta alcanzar el punto que se desee.

3 Partir los bollos por el medio; tostarlos en el grill 2-3 minutos de cada lado o hasta dorar. Untar con el aderezo y armar sándwiches con los burgers, la lechuga, los brotes de alfalfa, la remolacha y el queso.

Sugerencia: Acompañar con papas bastón horneadas y con coleslaw. Preparar esta ensalada clásica con col en fina juliana, zanahoria y queso semiduro rallados, apio y pimiento rojo picados. Mezclar con aderezo cremoso envasado y esparcir perejil fresco picado.

Nota: En los supermercados y tiendas de comestibles se consiguen muchas ensaladas frescas, que ahorran tiempo en caso de apuro.

6 porciones

ingredientes

500 g/1 lb de carne de res magra, molida

1/4 taza/45 g/1 1/2 oz de pan integral seco molido

1 huevo, ligeramente batido

1 cucharada de perejil fresco picado

1 cucharada de aceite

6 bollos integrales

4 cucharadas de aderezo de tomate

6 hojas de lechuga

60 g/2 oz de brotes de alfalfa

1 remolacha cruda, rallada

6 tajadas de emmental u otro queso suizo

fish
and chips

ingredientes

**500 g/1 lb de papas bastón para hornear
aceite para freír
4 filetes de pescado blanco firme**

**Batido de cerveza
1 taza/125 g/4 oz de harina
2 claras, apenas batidas
³/₄ taza/185 ml/6 fl oz de cerveza
1 cucharada de aceite**

Preparación

1 *Para hacer el batido, colocar la harina en un bol y hacer un hueco en el centro. Poner allí las claras, la cerveza y el aceite y batir ligeramente hasta homogeneizar.*

2 *Hornear las papas de acuerdo con las instrucciones del envase.*

3 *En una sartén, sobre fuego medio, poner aceite hasta 5 cm/2 in de altura y calentar hasta que un cubo de pan se tueste en 50 segundos. Sumergir el pescado en el batido y freírlo 3 minutos de cada lado o hasta que se dore. Escurrir sobre papel absorbente y servir con las papas. Completar el menú con ensalada a elección.*

Consejo: *Estudie la distribución de los productos en el supermercado al que concurre siempre y haga su lista de compras por orden de aparición de los productos en el recorrido.*

4 porciones

sándwiches
super de bistec

Preparación

1 Calentar el aceite en una sartén sobre fuego vivo y saltear las cebollas 2-3 minutos o hasta que se ablanden. Apartarlas a un costado de la sartén, añadir los bistecs y la piña y cocinar 2 minutos de cada lado, o hasta que los bistecs estén a punto.

2 Armar los sándwiches con las tostadas, el queso, el tomate, la lechuga, los bistecs, la cebolla, la piña y la salsa. Saborear en el momento, con papas bastón horneadas y coleslaw.

Nota: Los bistecs también se pueden cocinar sobre la plancha de la barbacoa, ligeramente aceitada, a calor medio.

4 porciones

ingredientes

2 cucharadas de aceite
2 cebollas, picadas
4 bistecs pequeños de carne de res magra
4 rodajas de piña en lata, escurridas
8 rebanadas gruesas de pan integral, tostadas
4 tajadas de queso sabroso (cheddar maduro)
8 rodajas de tomate
4 hojas de lechuga
salsa de tomate o barbacoa

omelette
mixta de vegetales

Preparación

1 Derretir 60 g/2 oz de mantequilla en una sartén. Agregar el puerro, los vegetales surtidos, el ajo y la mostaza. Revolver sobre fuego medio 5 minutos o hasta que los vegetales estén apenas tiernos. Retirar de la sartén y mantener al calor.

2 Batir los huevos con el agua hasta que resulten algo espumosos; sazonar a gusto. Derretir en la sartén el resto de la mantequilla, verter la mitad del batido y cocinar hasta que cuaje. Rellenar con la mitad de la preparación de vegetales y doblar la omelette. Repetir con el resto de los ingredientes.

Consejo: Para ahorrar tiempo, use alguna de las mezclas de vegetales que se consiguen congeladas en el supermercado.

2 porciones

ingredientes

**90 g/3 oz de mantequilla
1 puerro, rebanado
1 ¹/₂ taza/375 g/12 oz de vegetales
surtidos a elección, finamente picados
1 diente de ajo, machacado
1 cucharadita de semillas de mostaza
6 huevos
3 cucharadas de agua**

pastel
vegetariano

Preparación:

1. *Combinar el arroz, los quesos, los vegetales y los piñones. Unir con los huevos y el yogur. Sazonar con pimienta a gusto.*

2. *Colocar la mezcla en un molde desmontable hondo de 23 cm/9 in, bien engrasado. Hornear 40 minutos o hasta que esté firme. Desmoldar, cortar en porciones y servir.*

6 porciones

ingredientes

2 tazas/300 g de arroz integral cocido

1 ²/₃ taza/225 g/7 oz de queso sabroso rallado

4 cucharadas de queso parmesano rallado

2 chalotes, picados

2 calabacitas, ralladas

1 zanahoria, rallada

1 taza/150 g/5 oz de trozos de espárragos en lata, escurridos

3 cucharadas de piñones, tostados

3 huevos, ligeramente batidos

220 g/7 oz de yogur natural

pimienta negra recién molida

Temperatura del horno 190°C/370°F/Gas 5

43

curry rápido
de cordero

Preparación

1 *Calentar el aceite en un wok o sartén sobre fuego medio, echar el curry y el comino y revolver 1 minuto. Incorporar el cordero y saltear 3 minutos o hasta que cambie de color y esté tierno. Retirar del recipiente y mantener al calor.*

2 *En el mismo wok o sartén saltear 2 minutos el pimiento, las calabacitas, el brócoli y la coliflor. Verter la leche de coco y el caldo, llevar a hervor suave y cocinar a fuego lento 4 minutos. Colocar de nuevo el cordero en el recipiente y cocinar 2 minutos más o hasta calentar.*

Sugerencia: *Servir con arroz o fideos y poppadums.*

4 porciones

ingredientes

2 cucharadas de aceite
1 cucharada de curry en pasta
1 cucharadita de comino molido
500 g/1 lb de lomo de cordero, en tiras
1 pimiento rojo, en tiras
2 calabacitas, rebanadas
250 g/8 oz de ramilletes de brócoli
250 g/8 oz de ramilletes de coliflor
1 taza/250 ml/8 fl oz de leche de coco
1/2 taza/125 ml/4 fl oz de caldo de res

pollo
con salsa de pesto

Preparación

1. *Calentar el aceite en una plancha o sartén sobre fuego vivo. Cocinar el pollo 4-5 minutos de cada lado o hasta que esté a punto. Mantener al calor.*

2. *Disponer en el mismo recipiente los pimientos, las calabacitas y las berenjenas. Cocinar 2 minutos de cada lado o hasta que estén tiernos.*

3. *Para hacer la salsa, combinar todos los ingredientes. Para servir, distribuir en los platos el pollo y los vegetales; completar con una cucharada de salsa. Acompañar con pan francés.*

   Nota: *El pollo y los vegetales también se pueden cocinar en la parrilla de la barbacoa levemente aceitada, a calor medio.*

4 porciones

ingredientes

**2 cucharadas de aceite
4 pechugas de pollo deshuesadas
1 pimiento rojo y 1 verde, en cuartos
2 calabacitas, en mitades a lo largo
2 berenjenas baby, en mitades
a lo largo**

Salsa de pesto
**$^1/_2$ taza/125 g/4 oz de pesto prelisto
$^1/_2$ taza/125 g/4 oz de mayonesa
2 cucharadas de vinagre balsámico
o de vino tinto
pimienta negra recién molida**

empanadas
de pollo

Preparación

1 En una sartén derretir la mantequilla y cocinar los champiñones y las cebollas de rabo 3 minutos. Fuera del fuego añadir el pollo, la crema agria y pimienta a gusto; reservar.

2 Estirar la masa hasta que alcance 5 mm/¼ in de espesor y cortar 4 discos de 18 cm/7 in. Distribuir sobre ellos el relleno y doblar la masa para cubrirlo. Presionar el contorno con un tenedor, para sellar.

3 Colocar las empanadas en una bandeja para horno, pincelar con huevo y hornear 15 minutos o hasta dorar.

Sugerencia: Resultan estupendas si se sirven con una ensalada de espinaca y algo más. Rasgar con la mano hojas muy tiernas de espinaca; esparcir encima cubitos de tocino grillado y de tomates secos. Aliñar con 2 cucharadas de aceite de oliva, 2 cucharadas de vinagre balsámico o de vino tinto y pimienta negra recién molida a gusto.

4 porciones

ingredientes

15 g/½ oz de mantequilla
375 g/12 oz de champiñones, en mitades
3 cebollas de rabo, picadas
1 kg/2 lb de pollo cocido, sin piel y picado
¼ taza/185 g/6 oz de crema agria
pimienta negra recién molida
500 g/1 lb de masa para empanadas
1 huevo, ligeramente batido

Temperatura del horno 200°C/400°F/Gas 6

bistecs
con corteza de mostaza

Preparación

1 *Combinar en un tazón todos los ingredientes de la corteza; untar los bistecs.*

2 *Calentar el aceite en una sartén sobre fuego vivo y cocinar los bistecs 2 minutos de cada lado o hasta que estén a punto. Acompañar con puerro rebanado salteado y puré de papas al tomillo.*

Sugerencia: Una guarnición que sale de lo común es el brócoli con ajo tostado. Separar 1 brócoli grande en ramilletes pequeños y cocinar por hervido, al vapor o en microondas hasta que esté apenas tierno; refrescar bajo agua corriente fría y escurrir. En una sartén calentar 3 cucharadas de aceite de oliva y saltear los dientes de 1 cabeza de ajo, pelados, 5-7 minutos o hasta tostar, cuidando que no se quemen. Incorporar el brócoli y revolver 2-3 minutos o hasta calentar.

4 porciones

ingredientes

4 bistecs de lomo de res
2 cucharadas de aceite de oliva

Corteza de mostaza
4 cucharadas de mostaza en grano
1 diente de ajo, machacado
1 cucharada de miel
2 cucharadas de mayonesa

Temperatura del horno 230°C/450°F/Gas 8

pizzas
al gusto

Preparación

1 *Apoyar las bases para pizza sobre bandejas para horno. Untarlas con la salsa o el puré de tomate.*

2 *Disponer sobre cada pizza los ingredientes de la cubierta elegida. Esparcir arriba la mozzarella o el queso.*

3 *Hornear 20 minutos o hasta que la base esté crocante y dorada y el queso se haya derretido.*

Sugerencia: *Cualquiera de las cubiertas se puede enriquecer con aceitunas negras deshuesadas. Completar el menú con ensalada verde.*

6 porciones

ingredientes

**3 bases para pizza prelistas
1 ¹/₂ taza/375 ml/12 fl oz de salsa para
pasta o puré de tomate
375 g/12 oz de mozzarella o queso
sabroso (cheddar maduro), rallado**

Cubierta hawaiana
**10 rebanadas de jamón, en juliana
185 g/6 oz de trozos de piña en lata,
escurridos
¹/₂ pimiento rojo, picado**

Cubierta vegetariana
**250 g/8 oz de champiñones, rebanados
¹/₂ pimiento verde, picado
155 g/5 oz de brócoli cocido,
en ramilletes
1 cebolla pequeña, rebanada**

bistecs
al vino tinto

Preparación

1 *Unir los ingredientes de la marinada en una fuente playa de vidrio o de cerámica. Incorporar los bistecs, girarlos para que se impregnen y marinar 5 minutos. Dar vuelta y marinar 5 minutos más.*

2 *Escurrir los bistecs y guardar la marinada. Calentar el aceite en una sartén sobre fuego vivo y cocinar los bistecs 1-2 minutos de cada lado o hasta que estén a punto. Retirarlos y mantenerlos al calor.*

3 *Verter la marinada en la sartén y dejar que hierva hasta que se reduzca a la mitad. Salsear los bistecs y servir.*

Sugerencia: *Como guarnición ofrecer verduras y fettuccine aderezados con aceite de oliva y pimienta negra triturada.*

4 porciones

ingredientes

4 bistecs de ternera o de cerdo
2 cucharadas de aceite

Marinada de vino tinto
2 dientes de ajo, machacados
³/₄ taza/185 ml/6 fl oz de vino tinto
3 cucharadas de azúcar morena
pimienta negra recién molida

ensalada de pollo y pasta

ensaladas
completas

La costumbre de servir ensaladas

como plato principal se vuelve más popular cada día.
Las que aquí presentamos, como la de pollo y pasta o
la tibieza del mar, son verdaderas comidas completas.
No deje de probarlas, acompañadas con pan francés o
bollos integrales.

ensalada
de zanahoria y pasas

Preparación

1 Combinar las zanahorias y las pasas en una ensaladera.
2 Para el aliño, colocar los ingredientes en un tazón y batir hasta integrar. Verter sobre la ensalada y mezclar.
3 Esparcir las nueces, tapar y refrigerar hasta el momento de servir.

10 porciones

ingredientes

6 zanahorias, ralladas
125 g/4 oz de pasas de uva rubias
60 g/2 oz de nueces picadas

Aliño de naranja
¹/₄ taza/60 ml/2 fl oz de jugo de naranja
2 cucharadas de miel

---

ensalada
de pollo y pasta

Foto en página 51

Preparación

1 En una fuente o ensaladera grande combinar los fideos, el pollo, el pimiento, el cebollín, el maíz, el apio, los tomates y la escarola. Rociar con el aderezo y servir.

Sugerencia: Las tostadas con queso son una gran idea para acompañar. Descortezar rebanadas de pan blanco o integral y tostarlas de un lado en el grill, a calor medio. Sobre la cara sin tostar distribuir queso rallado y un toque de chile en polvo. Volver al grill hasta que el queso se funda y se dore.

4 porciones

ingredientes

500 g/1 lb de fideos penne, cocidos
1 kg/2 lb de pollo cocido, sin piel y separado en hebras
1 pimiento verde, picado
3 cucharadas de cebollín fresco tijereteado
440 g/14 oz de granos de maíz dulce en lata, escurridos
2 tallos de apio, picados
250 g/8 oz de tomates cherry amarillos
250 g/8 oz de escarola rizada
³/₄ taza/185 ml/6 fl oz de aderezo cremoso envasado

tibieza
del mar

Preparación

1 Repartir en los platos el berro y las lechugas.
2 En una sartén antiadherente calentar el aceite y cocinar la cebolla y el ajo hasta que se ablanden. Incorporar los mariscos y el pescado y cocinar 5-6 minutos o hasta que los langostinos tomen color rosado y el pescado esté a punto. Sazonar con pimienta. Distribuir en los platos.
3 Colocar los ingredientes del aliño en un frasco con tapa a rosca, cerrar y agitar para emulsionar. Rociar la ensalada, adornar con ramitas de eneldo y servir.

Nota: Una comida liviana ideal para los días frescos de otoño o primavera.

6 porciones

ingredientes

$^1/_2$ **manojo de berro**
hojas de lechugas mignonette
y mantecosa
1 cucharada de aceite de oliva
1 cebolla, finamente rebanada
1 diente de ajo, machacado
315 g/10 oz de ostiones, limpios
220 g/7 oz de langostinos crudos,
pelados y desvenados
250 g/8 oz de filetes de pescado blanco
firme, en trozos del tamaño
de un bocado
pimienta negra recién molida
eneldo fresco para decorar

Aliño
$^1/_2$ **taza/125 ml/4 fl oz de jugo de lima**
1 cucharada de aceite de oliva
pimienta negra recién molida
1 cucharada de eneldo fresco
finamente picado

nogada
de arroz

Preparación

1 Cocinar el arroz en una cacerola grande con agua hirviente según las indicaciones del envase. Escurrir y dejar enfriar.

2 Calentar el aceite en una sartén sobre fuego medio. Cocinar las cebollas comunes 10 minutos o hasta que estén tiernas y doradas. Dejar enfriar.

3 Combinar en una ensaladera el arroz, las cebollas, los espárragos, las cebollas de rabo, los tomates, las nueces y las pasas.

4 Poner en un tazón los ingredientes del aderezo y agitar para unir. Verter sobre la ensalada y mezclar.

6 porciones

ingredientes

2 tazas/440 g/14 oz de arroz integral
1 cucharada de aceite de oliva
3 cebollas, rebanadas
250 g/8 oz de puntas de espárragos, cocidas
3 cebollas de rabo, rebanadas
3 tomates, picados
60 g/2 oz de nueces pacanas, picadas
3 cucharadas de pasas de uva rubias

Aliño de naranja
1 diente de ajo, machacado
1 cucharadita de mostaza de Dijon
$1/4$ taza/60 ml/2 fl oz de jugo de naranja
1 cucharada de aceite de oliva

papas
y algo más

Preparación

1 Cocinar las papas por hervor lento, a partir de agua fría, 10-15 minutos o hasta que estén tiernas. Escurrir y dejar enfriar.

2 Colocar el tocino en una sartén antiadherente sobre fuego medio y dorarlo, revolviendo cada tanto, 10 minutos o hasta que esté crujiente. Escurrir sobre papel absorbente.

3 En una ensaladera combinar las papas, el tocino, los huevos, la cebolla común y las de rabo, el eneldo y la menta.

4 Preparar el aliño uniendo los ingredientes en un tazón. Verter sobre la ensalada, mezclar y servir.

6 porciones

ingredientes

1 kg/2 lb de papas, en cubos
4 lonjas de tocino, sin el cuero y picadas
3 huevos duros, en cuartos
1 cebolla, finamente picada
2 cebollas de rabo, picadas
2 cucharadas de eneldo fresco picado
1 cucharada de menta fresca picada

Aliño de mostaza
1 taza/250 ml/8 fl oz de mayonesa
3 cucharadas de yogur natural
1 cucharada de mostaza de Dijon
pimienta negra recién molida

judías
a la italiana

Foto en página 57

Preparación

1 *Cocinar las judías por hervido, al vapor o en microondas hasta que estén apenas tiernas. Refrescar bajo agua corriente fría.*

2 *Disponer en una ensaladera las judías, los chalotes, los tomates y las aceitunas.*

3 *Colocar los ingredientes del aliño en un frasco con tapa a rosca, cerrar y agitar para combinar. Verter sobre la ensalada, sazonar con pimienta y mezclar.*

4 porciones

ingredientes

**500 g/1 lb de judías verdes, despuntadas
6 chalotes, finamente picados
3 tomates, sin piel y picados
8 aceitunas negras, deshuesadas
pimienta negra recién molida**

Aliño
**1 cucharada de aceite de oliva
3 cucharadas de jugo de limón
1 diente de ajo, machacado
1 cucharada de perejil fresco picado
1 cucharadita de cebollín fresco
finamente picado
1 cucharadita de romero fresco
finamente picado
1 cucharadita de tomillo fresco
finamente picado**

ensalada
de tomate y albahaca

Foto en página 57

Preparación

1 *En una fuente acomodar en forma escalonada las rodajas de tomate; esparcir sobre ellas la albahaca.*

2 *Colocar los ingredientes del aliño en un frasco con tapa, agitar para emulsionar y rociar los tomates. Justo antes de servir, espolvorear con el parmesano y sazonar con pimienta.*
Nota: *Esta ensalada resulta aún más atractiva si se prepara con tomates cherry rojos y amarillos.*

6 porciones

ingredientes

**750 g/1 lb de tomates maduros,
pelados y rebanados
4 cucharadas de albahaca fresca
finamente picada
2 cucharadas de queso parmesano
rallado
pimienta negra recién molida**

Aliño
**1 diente de ajo, machacado
1 cucharada de aceite de oliva
3 cucharadas de vinagre de vino blanco**

chips de batata
en ensalada

Preparación

1 *Precalentar la barbacoa a temperatura alta. Pincelar las láminas de batata con el aceite. Cocinarlas sobre la plancha, por tandas, 4 minutos de cada lado o hasta que estén doradas y crujientes. Escurrir sobre papel absorbente.*

2 *En una ensaladera combinar la espinaca, la rúcula, los tomates, la cebolla, las aceitunas y el parmesano. Tapar y enfriar ligeramente en la heladera.*

3 *Colocar los ingredientes del aliño en un frasco con tapa a rosca, cerrar y agitar para integrar.*

4 *Justo antes de servir, incorporar los chips de batata a la ensalada, rociar con el aliño y mezclar.*

8 porciones

ingredientes

1 kg/2 lb de batatas, en láminas
3-4 cucharadas de aceite de oliva
185 g/6 oz de hojas de espinaca baby
185 g/6 oz de hojas de rúcula
3 tomates, picados
2 cebollas rojas, rebanadas
4 cucharadas de aceitunas negras deshuesadas
60 g/2 oz de láminas de queso parmesano

Aliño dulzón de orégano
2 cucharadas de hojas de orégano fresco
1 1/2 cucharada de azúcar morena
1/3 taza/90 ml/3 fl oz de vinagre balsámico
pimienta negra recién molida

calabacitas
marinadas

Preparación

1 Disponer en una ensaladera las calabacitas y la cebolla.

2 Colocar en un tazón los ingredientes de la marinada y batir ligeramente para unir. Verter sobre los vegetales y mezclar. Tapar y refrigerar por lo menos 1 hora antes de servir.

8 porciones

ingredientes

**6 calabacitas, finamente rebanadas
a lo largo
1 cebolla, rebanada**

Marinada de hierbas
**2 cucharadas de eneldo fresco picado
1 cucharada de perejil fresco picado
1 diente de ajo, machacado
$1/4$ taza/60 ml/2 fl oz de vinagre
de vino blanco
2 cucharadas de aceite de oliva
1 cucharada de jugo de limón
pimienta negra recién molida**

guarniciones

coliflor a la parmesana

guarniciones

Una guarnición sensacional puede sumar

color, sabor y variación a lo que sin ella sería una comida no muy atractiva. Muchos de estos acompañamientos pueden funcionar incluso como platillos ligeros si se sirven porciones dobles. Deleite a su familia con cualquiera de estas propuestas y tendrá el éxito asegurado.

papas
al romero

Preparación

1 Hervir agua en una cacerola grande; echar las papas. Cuando retome el hervor, colarlas y secarlas con papel absorbente.
2 Derretir la mantequilla en una sartén grande sobre fuego medio. Añadir las papas, el ajo y el romero.
3 Sofreír hasta que las papas estén cocidas y levemente doradas; sacudir la sartén, para que no se peguen, y de tanto en tanto darlas vuelta con una espátula. Servir de inmediato, en fuente precalentada.

4 porciones

ingredientes

**500 g/1 lb de papas,
finamente rebanadas
60 g/2 oz de mantequilla
1 diente de ajo, machacado
1 cucharada de romero fresco
finamente picado**

coliflor
a la parmesana

Foto en página 61

Preparación

1 Disponer la coliflor en una fuente refractaria ligeramente engrasada.
2 Derretir la mantequilla en una sartén sobre fuego medio, incorporar el pan molido y revolver 4-5 minutos o hasta dorar. Retirar de la llama y unir con el parmesano y pimienta a gusto.
3 Esparcir la mezcla sobre la coliflor y llevar al grill precalentado 3-5 minutos o hasta que se dore la superficie. Salpicar con el perejil y servir.
Nota: *Para variar, reemplazar la coliflor por brócoli, o combinar ambos.*

6 porciones

ingredientes

**1 coliflor pequeña, cocida y separada
en ramilletes
60 g/2 oz de mantequilla
1/4 taza/90 g/3 oz de pan seco molido
60 g/2 oz de queso parmesano, rallado
pimienta negra recién molida
2 cucharadas de perejil picado**

alcachofas
y habas braseadas

Preparación

1 Derretir la mantequilla en una sartén sobre fuego mediano; cocinar el ajo y las cebollas 3 minutos o hasta que se ablanden.

2 Añadir las zanahorias, las habas, las alcachofas y el caldo. Llevar a hervor, bajar la llama y cocinar a fuego lento 10 minutos o hasta que los vegetales estén tiernos. Sazonar a gusto con pimienta.

6 porciones

ingredientes

30 g/1 oz de mantequilla
2 dientes de ajo, machacados
2 cebollas, rebanadas
2 zanahorias, rebanadas
**250 g/8 oz de habas frescas, sin vainas,
o 125 g/4 oz de habas congeladas**
**440 g/14 oz de corazones de alcachofas
en lata, escurridos**
**1 taza/250 ml/8 fl oz de caldo
de verduras**
pimienta negra recién molida

judías
con vinagreta al comino

Foto en página 65

Preparación

1 *Colocar las judías verdes y los tomates en una fuente honda.*
2 *Poner los ingredientes de la vinagreta en un frasco con tapa a rosca, cerrar y agitar para unir. Verter sobre los vegetales y remover. Dejar reposar un rato a temperatura ambiente, no en la heladera, para que se desarrollen los aromas.*

4 porciones

ingredientes

**500 g/1 lb de judías verdes,
en mitades y cocidas
12 tomates cherry, en mitades**

Vinagreta de comino
**2 cebollas de rabo, finamente picadas
1 cucharadita de mostaza en polvo
$^1/_2$ cucharadita de comino molido
$^1/_2$ taza/125 ml/4 fl oz de aceite de oliva
2 cucharadas de vinagre de vino
pimienta negra recién molida**

ratatouille

Foto en página 65

Preparación

1 *Calentar el aceite en una cacerola grande sobre fuego medio. Cocinar las cebollas 5 minutos o hasta que empiecen a dorarse. Añadir los pimientos y el ajo y cocinar 5 minutos más, revolviendo cada tanto.*
2 *Incorporar las calabacitas, las berenjenas, los tomates y las hierbas. Llevar a hervor, bajar la llama y cocinar a fuego lento 30 minutos o hasta que la preparación se reduzca y espese y los vegetales estén bien cocidos. Sazonar con pimienta. Servir caliente, tibia o a temperatura ambiente.*
***Nota:** Puede agregar pimiento rojo y hongos, o variar las hierbas. Si durante los últimos 5 minutos de cocción incluye frijoles en lata, escurridos, obtendrá un platillo vegetariano completo.*

6 porciones

ingredientes

**$^1/_4$ taza/60 ml/2 fl oz de aceite
2 cebollas, picadas
2 pimientos verdes, en dados
2 dientes de ajo, machacados
4 calabacitas, en dados
2 berenjenas, en dados
2 latas de 440 g/14 oz de tomates,
triturados con su jugo
1 cucharadita de orégano seco
1 cucharadita de albahaca seca
1 cucharadita de mejorana seca
pimienta negra recién molida**

gratín
de papas

Preparación

1 En 6 fuentes refractarias individuales, levemente engrasadas, acomodar por capas las papas, las cebollas, el cebollín y pimienta a gusto.

2 Combinar en un tazón el yogur y la crema. Verter con cuidado en las fuentes y esparcir el queso. Hornear 45 minutos o hasta que las papas estén tiernas y la superficie, dorada.

6 porciones

ingredientes

1 kg/2 lb de papas, finamente rebanadas
2 cebollas grandes, finamente rebanadas
2 cucharadas de cebollín fresco tijereteado
pimienta negra recién molida
1 ¹/₄ taza/250 g/8 oz de yogur natural
1 taza/250 ml/8 fl oz de crema espesa
60 g/2 oz de queso parmesano, rallado

Temperatura del horno 180°C/350°F/Gas 4

espárragos
con prosciutto

Preparación

1 Precalentar la barbacoa a temperatura alta. Colocar sobre cada lonja de prosciutto una hoja de albahaca y una punta de espárrago y enrollar.

2 Pincelar con jugo de limón y pimienta a gusto. Ubicar sobre la barbacoa aceitada y asar, dando vuelta a menudo, hasta que los espárragos estén tiernos y el prosciutto, crujiente.

3 Para hacer el mojo, combinar los ingredientes en un cuenco. Servir con los espárragos envueltos.

12 porciones

ingredientes

**250 g/8 oz de prosciutto, en lonjas
hojas de albahaca fresca
500 g/1 lb de puntas de espárragos
frescos
$^1/_3$ taza/90 ml/3 fl oz de jugo de limón
pimienta negra recién molida**

Mojo de albahaca
**$^3/_4$ taza/185 ml/6 fl oz de mayonesa
2 cucharadas de jugo de limón
2 cucharadas de albahaca fresca picada**

hongos
dijon

Preparación

1 Derretir la mantequilla en una sartén antiadherente sobre fuego medio. Cocinar las cebollas o chalotes y el ajo, revolviendo, 2-3 minutos o hasta que se ablanden.

2 Incorporar los hongos y remover cada tanto por 5 minutos o hasta que estén cocidos. Retirar de la sartén y mantener al calor.

3 Añadir a la sartén el vino, la mostaza y el cilantro. Llevar a hervor, bajar la llama y cocinar a fuego lento 10 minutos o hasta reducir a la mitad. Fuera del calor unir con el yogur y sazonar con pimienta a gusto. Volver al fuego y cocinar 2-3 minutos o hasta calentar. Salsear los hongos, esparcir el perejil y servir.

4 porciones

ingredientes

30 g/1 oz de mantequilla
4 cebollas perla o chalotes, finamente picados
1 diente de ajo, machacado
500 g/1 lb de hongos
³/₄ taza/185 ml/6 fl oz de vino blanco seco
1 cucharada de mostaza de Dijon
1 cucharadita de cilantro fresco finamente picado
1 ¹/₄ taza/250 g/8 oz de yogur natural
pimienta negra recién molida
2 cucharadas de perejil fresco picado

pieles
de papas asadas

Preparación

1 Hornear las papas 1 hora o hasta que estén tiernas. Retirar y dejar enfriar lo suficiente como para poder manipularlas. Partirlas por el medio y extraer la pulpa dejando una pared de 5 mm/$^1/_4$ in. Guardar la pulpa para otro uso. Trozar las pieles y pincelarlas con aceite.

2 Precalentar la barbacoa a temperatura media. Disponer las pieles de papa sobre la parrilla ligeramente aceitada y asar 5-8 minutos de cada lado o hasta que estén crujientes y doradas. Servir con mojo a elección.

Consejo: Usar la pulpa para hacer ensalada, puré, croquetas o la cubierta de un pastel campestre.

4 porciones

ingredientes

6 papas grandes, cepilladas
aceite de oliva

Temperatura del horno 200°C/400°F/Gas 6

budín de dátiles

la nota dulce

Un toque de dulzura reconforta a

todos a la hora del postre. Prepararlo no tiene por qué llevar todo el día. Tentaciones sencillas e irresistibles como las que ofrece este capítulo pueden improvisarse en minutos con frutas frescas o envasadas... y lucir como si fueran el resultado de haber pasado horas en la cocina.

crumble
de manzana y albaricoque

Preparación

1 *Combinar los albaricoques, las manzanas y el azúcar morena en un bol; pasar a una fuente refractaria engrasada.*

2 *Para hacer el crumble, mezclar todos los ingredientes. Esparcir sobre la fruta y hornear 30 minutos o hasta que la fruta esté caliente y la cubierta, crocante y dorada.*
   Nota: *Cualquier fruta enlatada queda bien en esta receta, por ejemplo ciruelas y manzanas o peras y duraznos.*

6 porciones

2 latas de 440 g/14 oz de albaricoques en mitades, escurridos
440 g/14 oz de manzanas rebanadas en lata, escurridas
2 cucharadas de azúcar morena
1/4 cucharadita de canela molida

Crumble
2 tazas/185 g/6 oz de avena en hojuelas o muesli
30 g/1 oz de coco rallado
125 g/4 oz de mantequilla, derretida
2 cucharadas de miel

Temperatura del horno 180°C/350°F/Gas 4

budín
de dátiles

Foto en página 71

Preparación

1 *Colocar los dátiles y el agua en una cacerola sobre fuego medio. Llevar a hervor, bajar la llama y cocinar a fuego lento 5 minutos o hasta que los dátiles estén tiernos. Retirar, añadir el bicarbonato y reservar.*

2 *En un bol batir la mantequilla con el azúcar hasta que resulte liviana y cremosa. Añadir los huevos de a uno, batiendo cada vez. Incorporar la harina en forma envolvente. Unir con la preparación de dátiles.*

3 *Verter la mezcla en un molde de 18 x 28 cm/ 7 x 11 in, levemente engrasado. Hornear 25 minutos o hasta que se note cocido al probar con un palillo.*

4 *Para hacer la salsa, disponer la mantequilla y el azúcar en una cacerolita sobre fuego lento; revolver 4-5 minutos o hasta que se fundan. Agregar la crema, llevar a hervor suave y revolver 5 minutos más o hasta que espese. Bañar el budín caliente y servir enseguida.*

8 porciones

155 g/5 oz de dátiles deshuesados, picados
2 tazas/500 ml/16 fl oz de agua
1 cucharadita de bicarbonato de sodio
60 g/2 oz de mantequilla, ablandada
1 1/4 taza/220 g/7 oz de azúcar morena
2 huevos, ligeramente batidos
1/4 taza/90 g/3 oz de harina leudante, tamizada

Salsa de crema y caramelo
60 g/2 oz de mantequilla
1/2 taza/90 g/3 oz de azúcar morena
3/4 taza/185 ml/6 fl oz de crema espesa

Temperatura del horno 180°C/325°F/Gas 4

pastel fácil
de chocolate

Preparación

1 Colocar en un bol la leche, la mantequilla y los huevos y batir para combinar.

2 En otro bol tamizar la harina con el cacao y mezclar con el azúcar. Hacer un hueco en el centro, verter la preparación anterior y batir 5 minutos o hasta homogeneizar.

3 Pasar a un molde redondo de 20 cm/8 in, engrasado. Hornear 40 minutos o hasta que se note cocido al probar con un palillo. Dejar reposar 5 minutos antes de invertir sobre una rejilla para enfriar.

4 Para el glaseado, tamizar el azúcar y el cacao en un tazón. Añadir la leche y revolver hasta integrar. Untar el pastel frío.

1 pastel redondo de 20 cm/8 in

ingredientes

1 taza/250 ml/8 fl oz de leche
125 g/4 oz de mantequilla, ablandada
2 huevos, ligeramente batidos
1 1/3 taza/170 g/5 1/2 oz de harina leudante
2/3 taza/60 g/2 oz de cacao
1 taza/220 g/7 oz de azúcar refinada

Glaseado de chocolate
1 taza/155 g/5 oz de azúcar glass
2 cucharadas de cacao
2 cucharadas de leche

Temperatura del horno 180°C/350°F/Gas 4

la nota
dulce

mousse
de frambuesas

Preparación

1 *Procesar o licuar las frambuesas; pasar por tamiz el puré obtenido, para eliminar las semillas. Unir con la gelatina y reservar. Procesar o licuar el requesón hasta que resulte suave y reservar por separado.*

2 *En un bol refractario a baño de María batir las yemas con el azúcar a punto de listón. Fuera del calor unir con el puré de frambuesas y el requesón. Tapar y refrigerar hasta que empiece a tomar cuerpo.*

3 *Batir las claras a punto de turrón y agregarlas en forma envolvente. Distribuir en 4 cazuelitas de $^1/_2$ taza/125 ml/4 fl oz de capacidad y refrigerar hasta que esté firme. Antes de servir, adornar con rulos de chocolate.*

4 porciones

ingredientes

**500 g/1 lb de frambuesas frescas
o congeladas
2 cucharadas de gelatina disuelta
en 2 cucharadas de agua caliente
y enfriada
125 g/4 oz de requesón, escurrido
4 yemas
$^1/_4$ taza/60 g/2 oz de azúcar superfina
4 claras
rulos de chocolate para decorar**

clafouti
de ciruelas

Preparación

1 En una tartera de 25 cm/10 in ligeramente engrasada acomodar las ciruelas, boca bajo.

2 Tamizar la harina en un bol. Hacer un hoyo en el centro, colocar allí los huevos, el azúcar y la leche y unir para obtener un batido liso.

3 Verter sobre la fruta y hornear 45 minutos o hasta que esté firme y dorado. Servir caliente, tibio o frío, nevado con azúcar glass.

6 porciones

ingredientes

**500 g/1 lb de ciruelas negras,
en mitades y sin hueso,
o 440 g/14 oz de ciruelas en lata,
bien escurridas
1 taza/125 g/4 oz de harina leudante
3 huevos, apenas batidos
1/2 taza/100 g/3 1/2 oz de azúcar
superfina
1/2 taza/125 ml/4 fl oz de leche
1 cucharada de azúcar glass, tamizada**

Temperatura del horno 190°C/370°F/Gas 5

plátanos
al estilo de nueva orleans

Preparación

1 *En una sartén de base pesada derretir la mantequilla sobre fuego medio; añadir el azúcar y la canela y revolver hasta integrar.*

2 *Verter el licor o el jugo y la mitad del ron; cocinar 5 minutos o hasta que se forme un almíbar espeso.*

3 *Incorporar los plátanos y remover para cubrirlos con el almíbar. Flamear con el resto del ron y mojar los plátanos con la salsa hasta que se apaguen las llamas.*

4 *Distribuir los plátanos y el helado en los platos, rociar con la salsa y servir.*

4 porciones

ingredientes

60 g/2 oz de mantequilla sin sal
$^1/_4$ taza/60 g/2 oz de azúcar morena
$^1/_2$ cucharadita de canela molida
$^1/_4$ taza/60 ml/2 fl oz de licor de plátano o jugo de naranja
$^1/_2$ taza/125 ml/4 fl oz de ron añejo
4 plátanos, en mitades a lo largo
4 bochas de helado de vainilla

cerezas
al caramelo

Preparación

1 Colocar las cerezas en una fuente refractaria poco profunda.
2 En un bol batir la crema a medio punto con el jerez o el licor. Verter sobre las cerezas y espolvorear con abundante azúcar morena.
3 Llevar al grill precalentado 3-4 minutos o hasta que el azúcar se funda. Servir de inmediato.

6 porciones

440 g/14 oz de cerezas deshuesadas en lata, escurridas
1 ¹/₄ taza/315 ml/10 fl oz de crema espesa
1 cucharada de jerez o licor a elección
azúcar morena

La cocina no es una ciencia exacta; para cocinar no se necesitan balanzas calibradas, pipetas graduadas ni equipamiento de laboratorio. Pero en algunos países, la conversión del sistema imperial al métrico o viceversa puede intimidar a muchos buenos cocineros.

En las recetas se indica el peso sólo de ingredientes tales como carnes, pescado, pollo y algunas verduras. Sin embargo, unos gramos (u onzas) en más o en menos no estropearán el éxito del plato.

Si bien estas recetas fueron probadas utilizando como estándares taza de 250 ml, cuchara de 20 ml y cucharita de 5 ml, también resultarán con tazas de 8 fl oz o de 300 ml. Se dio preferencia a las medidas indicadas según recipientes graduados en lugar de las expresadas en cucharadas, de modo que las proporciones sean siempre iguales. Cuando se indican medidas por cucharadas no se trata de ingredientes críticos, de manera que emplear cucharas algo más pequeñas no afectará el resultado de la receta. En el tamaño de la cucharita, al menos, todos coincidimos.

En cuanto a los panes, pasteles y tartas, lo único que podría causar problemas es el empleo de huevos, ya que las proporciones pueden variar. Si se trabaja con una taza de 250 ml o 300 ml, utilizar huevos grandes (60 g/2 oz); con la taza de 300 ml puede ser necesario agregar un poco más de líquido a la receta; con la taza de 8 fl oz, utilizar huevos medianos (50 g/1 $^3/_4$ oz). Se recomienda disponer de un juego de tazas y cucharas medidoras graduadas, en particular las tazas para medir los ingredientes secos. Recuerde rasar los ingredientes para asegurar la exactitud en la medida.

Medidas norteamericanas

Se supone que una pinta americana es igual a 16 fl oz; un cuarto, a 32 fl oz y un galón, a 128 fl oz. En el sistema imperial, la pinta es de 20 fl oz; el cuarto, de 40 fl oz y el galón, de 160 fl oz.

Medidas secas

Todas las medidas se consideran al ras. Cuando llene la taza o cuchara, rase el nivel con el filo de un cuchillo. La escala que se presenta a continuación es de "equivalentes para cocinar", no es la conversión exacta del sistema métrico al imperial. Para calcular las equivalencias exactas, use la proporción de 2,2046 lb = 1 kg o 1 lb = 0,45359 kg.

Métrico	Imperial	
g = gramos	oz = onzas	
kg = kilogramos	lb = libras	
15 g	$^1/_2$ oz	
20 g	$^2/_3$ oz	
30 g	1 oz	
60 g	2 oz	
90 g	3 oz	
125 g	4 oz	$^1/_4$ lb
155 g	5 oz	
185 g	6 oz	
220 g	7 oz	
250 g	8 oz	$^1/_2$ lb
280 g	9 oz	
315 g	10 oz	
345 g	11 oz	
375 g	12 oz	$^3/_4$ lb
410 g	13 oz	
440 g	14 oz	
470 g	15 oz	
1000 g - 1 kg	35,2 oz -2,2 lb	
1,5 kg	3,3 lb	

Temperatura del horno

Las temperaturas Celsius que damos no son exactas; están redondeadas y se incluyen sólo como guía. Siga la escala de temperaturas del fabricante de su horno, cotejando con el tipo de horno que se describe en la receta. Los hornos de gas calientan más en la parte superior; los hornos eléctricos, más en la parte inferior, y los hornos por convección suelen ser parejos. Incluimos la escala Regulo para cocinas de gas, que puede ser de utilidad. Para convertir grados Celsius a Fahrenheit, multiplique los ºC por 9, divida por 5 y luego sume 32.

Temperaturas **del horno**

	°C	°F	Regulo
Muy bajo	120	250	1
Bajo	150	300	2
Moderadamente bajo	160	325	3
Moderado	180	350	4
Moderadamente alto	190-200	370-400	5-6
Caliente	210-220	410-440	6-7
Muy caliente	230	450	8
Máximo	250-290	475-500	9-10

Medidas de moldes redondos

Métrico	Imperial
15 cm	6 in
18 cm	7 in
20 cm	8 in
23 cm	9 in

Medidas de moldes rectangulares

Métrico	Imperial
23 x 12 cm	9 x 5 in
25 x 8 cm	10 x 3 in
28 x 18 cm	11 x 7 in

Medidas de líquidos

Métrico	Imperial	Taza y cuchara
ml	fl oz	
mililitros	onzas líquidas	
5 ml	1/6 fl oz	1 cucharadita
20 ml	2/3 fl oz	1 cucharada
30 ml	1 fl oz	1 cucharada más 2 cucharaditas
60 ml	2 fl oz	1/4 taza
85 ml	2 1/2 fl oz	1/3 taza
100 ml	3 fl oz	3/8 taza
125 ml	4 fl oz	1/2 taza
150 ml	5 fl oz	1/4 pinta
250 ml	8 fl oz	1 taza
300 ml	10 fl oz	1/2 pinta
360 ml	12 fl oz	1 1/2 taza
420 ml	14 fl oz	1 3/4 taza
500 ml	16 fl oz	2 tazas
600 ml	20 fl oz - 1 pinta	2 1/2 tazas
1 litro	35 fl oz - 1 3/4 pinta	4 tazas

Medidas por tazas

Una taza de los siguientes ingredientes equivale, en peso, a:

	Métrico	Imperial
Albaricoques secos, picados	190 g	6 oz
Almendras enteras	155 g	5 oz
Almendras fileteadas	90 g	3 oz
Almendras molidas	125 g	4 oz
Arroz cocido	155 g	5 oz
Arroz crudo	220 g	7 oz
Avena en hojuelas	90 g	3 oz
Azúcar	250 g	8 oz
Azúcar glass, tamizada	155 g	5 oz
Azúcar morena	155 g	5 oz
Cáscara de cítricos confitada	220 g	7 oz
Chocolate en trocitos	155 g	5 oz
Ciruelas secas, picadas	220 g	7 oz
Coco deshidratado	90 g	3 oz
Frutas desecadas (surtidas, pasas de uva)	185 g	6 oz
Frutas secas, picadas	125 g	4 oz
Germen de trigo	60 g	2 oz
Grosellas	155 g	5 oz
Harina	125 g	4 oz
Hojuelas de maíz	30 g	1 oz
Jengibre confitado	250 g	8 oz
Manzanas secas, picadas	125 g	4 oz
Materia grasa (mantequilla, margarina)	250 g	8 oz
Miel, melaza, jarabe de maíz	315 g	10 oz
Pan seco molido, compacto	125 g	4 oz
Pan seco molido, suelto	60 g	2 oz
Queso rallado	125 g	4 oz
Semillas de ajonjolí	125 g	4 oz

Longitud

A algunos les resulta difícil convertir longitud del sistema imperial al métrico o viceversa. En la escala siguiente, las medidas se redondearon para obtener números más fáciles de usar.

Para lograr la equivalencia exacta de pulgadas a centímetros, multiplique las pulgadas por 2,54, en virtud de lo cual 1 pulgada es igual a 25,4 milímetros y un milímetro equivale a 0,03937 pulgadas.

Métrico	Imperial
mm = milímetros	in = pulgadas
cm = centímetros	ft = pies
5 mm - 0,5 cm	1/4 in
10 mm - 1,0 cm	1/2 in
20 mm - 2,0 cm	3/4 in
2,5 cm	1 in
5 cm	2 in
8 cm	3 in
10 cm	4 in
12 cm	5 in
15 cm	6 in
18 cm	7 in
20 cm	8 in
23 cm	9 in
25 cm	10 in
28 cm	11 in
30 cm	1 ft, 12 in

índice